Philippe Dorin

Sacré silence

Théâtre

l'école des loisirs
11, rue de Sèvres, Paris 6e

Loi n° 49.956 du 16 juillet 1949 sur les publications destinées à la jeunesse : septembre 1997
Dépôt légal : septembre 2009
Imprimé en France par CPI-Hérissey à Évreux (Eure)
N° d'impression : 112361

ISBN : 978-2-211-04466-0

PERSONNAGES

LUMPE
Marchande de sons.

ÉCHO
Une jeune femme.

1

Une route abandonnée dans un désert. Un carrefour, signalé par trois ou quatre réverbères.

Lumpe, marchande de sons, apparaît, en roulant son bidon plein de bruits devant elle.

LUMPE

Soupirs, murmures, frôlements, rumeurs !
Bruissements, froissements, crissements !

Sacré silence !

Clapotis, cliquetis, gargouillis, gazouillis !
Un petit bruit qui court, madame ?
Ragots, potins, cancans, ronrons, tous les sons sont dans mon bidon !
Grognements, borborygmes, onomatopées !

Vlan, brrr, couic, splash, pan pan, y a qu'à demander !

Crac en vrac, toc toc en stock, cui cui gratuits !

Maudit silence !

Un son de cloche pour le monsieur ? Allez, non ? Alors un bruit de couloir, un seul, discret, ni vu ni connu ! une bonne petite langue de vipère, psss psss psss psss, chut ! S'agit pas que ça s'entende, compris ? Motus !

Au diable la loi du silence ! Ouvrez grand vos oreilles ! Faut qu'y ait du grabuge, bande de carpes ! Des craquements, des grondements, du fracas, de la pétarade ! N'ayons pas peur des mots, tonnerre de tonnerre ! Barouf, bazar, boucan, le tout pour… tant ! Chahut, ramdam, tintouin, y en a besoin tsoin tsoin ! Meuh, bêêê, coucou, drelin drelin, hi han, dzim boum, pouf, patapouf, et PATATRAS !

Lumpe tombe. Le bidon se renverse.

Sacré silence !

Lumpe se relève.

Maudit désert ! Un petit client, un seul, c'est pas trop demander ! Chat sans miaou, clé sans cric crac, fusil qui cherche pan ! Quelqu'un à qui causer, quoi !

– Bonjour !

– Bonjour !

– Ça va ?

– Ça va !

– Un brin de causette ?

– Un brin de causette !

– Taratata Taratata...

– Taratata Taratata...

Y en a des choses à dire, dans mon bidon. La bonne bavette, moi j'aime ça ! Sacrée pipelette, même !

Sacré silence !

2

LUMPE

Froufrous, cris cris, échos !

ÉCHO, *off*

Échos !

LUMPE

Échos !

ÉCHO, *off*

Échos !

LUMPE

Tiens ! Y a quelqu'un ?

ÉCHO

...

LUMPE

Maudit silence !

Soupirs, murmures, frôlements...

ÉCHO, *off*

Soupirs, murmures, frôlements...

LUMPE

... rumeurs !

ÉCHO, *off*

... rumeurs !

Lumpe sort une lampe de poche, et se dirige vers l'écho sur la pointe des pieds.

LUMPE

Clapotis !

ÉCHO, *off*

Clapotis !

LUMPE

Cliquetis !

ÉCHO, *OFF*

Cliquetis !

LUMPE

Gargouillis !

ÉCHO, *off*

Gargouillis !

LUMPE

Gazouillis !

ÉCHO, *off*

Gazouillis !

LUMPE

Cui cui !

Lumpe allume sa lampe pour surprendre l'écho. L'écho s'est déplacé.

ÉCHO, *off*

Cui cui !

LUMPE

Montrez-vous !

ÉCHO, *off*

Montrez-vous !

LUMPE

Je suis ici !

ÉCHO, *off*

Je suis ici !

LUMPE

Où ça ?

ÉCHO, *off*

Où ça ?

LUMPE

Mais là ! Vous ne me voyez pas ?

ÉCHO, *off*

Mais là ! Vous ne me voyez pas ?

LUMPE

Non !

ÉCHO, *off*

Non !

LUMPE

Attendez !

ÉCHO, *off*

Attendez !

Lumpe grimpe sur son bidon. Elle prend un petit instrument qu'elle agite au-dessus de sa tête.

LUMPE

Ohé !

ÉCHO, *off*

Ohé !

Lumpe jette l'instrument devant elle.

LUMPE

Et hop !

ÉCHO, *off*

Et hop !

Une boîte de Coca vide tombe aux pieds de Lumpe. Écho apparaît, ramasse furtivement la boîte de Coca et la met dans sa poche.

LUMPE

Bonjour !

ÉCHO

Bonjour !

LUMPE

Ça va ?

ÉCHO

Ça va !

LUMPE

Un brin de causette ?

ÉCHO

Un brin de causette !

LUMPE

Ça fait plaisir d'entendre quelqu'un.

ÉCHO

Ça fait plaisir d'entendre quelqu'un.

LUMPE

Sacré silence ?

ÉCHO

Sacré silence !

LUMPE

Beau temps ?

ÉCHO

Beau temps !

LUMPE

Belle journée ?

ÉCHO

Belle journée !

LUMPE

Je me présente…

ÉCHO

Je me présente…

LUMPE, *gênée*

Après vous !

ÉCHO, *gênée*

Après vous !

LUMPE

Je vous en prie !

ÉCHO

Je vous en prie !

Lumpe fait une révérence.

LUMPE

Lumpe, marchande de sons !

ÉCHO

… marchande de sons !

LUMPE

Oui !

ÉCHO

Oui !

LUMPE

Et vous ?

ÉCHO

Et vous ?

LUMPE

Lumpe, marchande de sons. Je viens de vous le dire.

ÉCHO

…marchande de sons. Je viens de vous le dire.

LUMPE

De bruits, oui !

ÉCHO

De bruits, oui !

LUMPE

Pif !

ÉCHO

Pif !

LUMPE

Paf !

ÉCHO

Paf !

LUMPE

Couic, toc toc, boum !

ÉCHO

Couic, toc toc, boum !

LUMPE, *intriguée*

Bizarre !

ÉCHO

Bizarre !

LUMPE

Toute la quincaillerie, quoi !

ÉCHO

Toute la quincaillerie, quoi !

LUMPE

Vous vous fichez de moi ?

ÉCHO

Vous vous fichez de moi ?

LUMPE

Bon ! on pourrait bavarder, entre gens convenables, maintenant...

ÉCHO

Bon ! on pourrait bavarder, entre gens convenables, maintenant...

LUMPE

...sans que vous répétiez...

ÉCHO

… sans que vous répétiez…

LUMPE

… tout ce que je dis…

ÉCHO

… tout ce que je dis…

LUMPE

… bêtement…

ÉCHO

… bêtement…

LUMPE

… comme un perroquet !

ÉCHO

… comme un perroquet !

LUMPE, *agacée*

Elle se fiche de moi !

ÉCHO

Elle se fiche de moi !

LUMPE

Allez, sérieux ! Déjà qu'on ne trouve pas beaucoup à qui causer, par ici !

ÉCHO

Allez, sérieux ! Déjà qu'on ne trouve pas beaucoup à qui causer, par ici !

LUMPE

C'est idiot, quoi !

ÉCHO

C'est idiot, quoi !

LUMPE

Perte de temps !

ÉCHO

Perte de temps !

LUMPE

Perte de mots !

ÉCHO

Perte de mots !

LUMPE

Parler pour ne rien dire, autant dire !

ÉCHO

Parler pour ne rien dire, autant dire !

LUMPE

Pourtant, je suis sûre qu'on a plein de choses à se raconter.

ÉCHO

Pourtant, je suis sûre qu'on a plein de choses à se raconter.

LUMPE

Et puis zut !

ÉCHO

Et puis zut !

Lumpe revient près de son bidon. Écho s'éloigne.

LUMPE

Inutile de perdre mon temps avec elle.

ÉCHO

Inutile de perdre mon temps avec elle.

LUMPE

Pas que ça à faire, moi !

ÉCHO

Pas que ça à faire, moi !

LUMPE

Dommage ! Pour une fois qu'on rencontrait quelqu'un !

ÉCHO

Dommage ! Pour une fois qu'on rencontrait quelqu'un !

Lumpe roule son bidon devant elle, comme si de rien n'était.

3

LUMPE

Soupirs, murmures…

ÉCHO

Soupirs, murmures…

LUMPE

… frôlements, rumeurs !

ÉCHO

… frôlements, rumeurs !

Lumpe s'arrête.

LUMPE

J'aimerais travailler en paix, s'il vous plaît !

ÉCHO

J'aimerais travailler en paix, s'il vous plaît !

LUMPE

Sortez !

ÉCHO

Sortez !

Écho ne bronche pas. Lumpe continue.

LUMPE

Bruiss…

ÉCHO

Bruiss…

LUMPE

Vous voulez prendre ma place ?

ÉCHO

Vous voulez prendre ma place ?

LUMPE

Allez-y ! Ne vous gênez pas !

ÉCHO

Allez-y ! Ne vous gênez pas !

LUMPE

Jalousie, ça !

ÉCHO

Jalousie, ça !

Lumpe continue.

LUMPE

Bruissements, froissements, crissements, craquements, grondements...

ÉCHO

Bruissements, froissements, crissements, craquements, grondements...

LUMPE

Très bien ! Je ne dirai plus rien !

ÉCHO

Très bien ! Je ne dirai plus rien !

LUMPE

Na !

ÉCHO

Na !

LUMPE

! ! ! !

ÉCHO

! ! ! !

LUMPE

. . .

ÉCHO

. . .

LUMPE

Vous vous lasserez avant moi !

ÉCHO

Vous vous lasserez avant moi !

LUMPE

Voleuse de mots !

ÉCHO

Voleuse de mots !

LUMPE

Analpha...

ÉCHO

Analpha...

LUMPE

Analphaquoi ?

ÉCHO

Analphaquoi ?

LUMPE

Analphacomment ?

ÉCHO

Analphacomment ?

LUMPE

Surprise ?

ÉCHO

Surprise !

LUMPE

On ne fait plus la fière ?

ÉCHO

On ne fait plus la fière !

LUMPE

Analphabète !

ÉCHO

Analphabète !

LUMPE

Maintenant qu'on te l'a sifflé !

ÉCHO

Maintenant qu'on te l'a sifflé !

LUMPE

Et toc !

ÉCHO

Et toc !

LUMPE

Dans les dents !

ÉCHO

Dans les dents !

LUMPE

Non mais !

ÉCHO

Non mais !

LUMPE

C'est vrai ! C'est qui la marchande de sons, ici ?

ÉCHO

C'est vrai ! C'est qui la marchande de sons, ici ?

LUMPE

Tu vois, tu ne respectes pas ta parole !

ÉCHO

Tu vois, tu ne respectes pas ta parole !

LUMPE

Très bien, je la boucle !

ÉCHO

Très bien, je la boucle !

LUMPE

...

ÉCHO

...

Long temps de silence.

Lumpe s'impatiente, s'approche d'Écho, tourne autour. Écho ne bronche pas. Lumpe revient à sa place.

4

LUMPE, *tout bas*

C'est pas tout ça ! Je ne vais quand même pas la fermer éternellement ! J'ai du bruit à vendre, moi ! Faut que ça s'entende !

ÉCHO, *tout haut*

C'est pas tout ça ! Je ne vais quand même pas la fermer éternellement ! J'ai du bruit à vendre, moi ! Faut que ça s'entende !

LUMPE, *encore plus bas*

Pas question qu'elle continue à répéter tout ce que je dis non plus ! À force, elle pourrait aussi devenir marchande de sons, tiens ! La concurrence, j'aime pas ça !

ÉCHO, *encore plus haut*

Pas question qu'elle continue à répéter tout ce que je dis non plus ! À force, elle pourrait aussi devenir marchande de sons, tiens ! La concurrence, j'aime pas ça !

LUMPE

Chut !

ÉCHO

Chut !

LUMPE, *encore, encore plus bas*

Ah non ! .... pour .... vache ! .... marché .... bénéfice .... Faut absolument .... silence, Lumpe .... net ! .... la voix ! ....

.... lui couper ....
.... petit couteau.
....
.... qui c'est qui ....
....

ÉCHO, *encore, encore plus haut*

Ah non ! Pas de place pour deux ! Surtout qu'elle copie bien, la vache ! Serait même capable de me rafler tout mon marché, oui ! Le bénéfice de l'âge, en plus ! *(Écho lit dans les pensées de Lumpe.)* Jolie, gracieuse, tout ! C'est moi ou elle ! Faut absolument la réduire au silence, Lumpe ! Lui couper le sifflet, couic ! Tout de suite, net ! Tiens, lui tordre le bras par exemple ! La faire hurler à la mort pour qu'elle se casse la voix ! Hé hé hé ! Pas bête ça ! Ou simplement lui couper la langue, comme les poules, avec un petit couteau. Oui ! C'est ça ! La saigner à blanc ! Non mais, on va voir qui c'est qui commande, ici ! S'agit pas que...

Lumpe se précipite sur Écho avec un foulard et la bâillonne.

LUMPE

Ouf !

Satisfaite, Lumpe revient près de son bidon.

Tranquille bien maintenant je suis.

Ben alors ! Bien je maintenant tranquille suis !

Zut ! Le sens je ne plus des mots trouve ! Non ! Trouve le sens je ne plus des mots ! Bon sang ! Les mots trouve des sens je ne plus ! Malheur ! Du charabia !

Maudit encore de ce perroquet un coup !

Lumpe s'approche d'Écho.

Pas les honte n'as-tu d'embêter gens honnêtes ? Travaillent la bouche de ceux ôter le pain ? Sacapageuse ! Cancantatriste ! Commence à m'accarasser les ballicantelles, ta tartapignolle. Jacaspère quoi, en échange ? Des tortoquépis ? De la grébédaille de Saint-Adoux ? Du calipanstoc ? Quoi ? Peut-être de l'antipinpon pour l'abalisphère ? Ou du corneton contre la cornetine, hein ? Ratataphone ! Je te jamais plus mais pour toujours ! Quand je me serai de toi, entre nous, bientôt, abron qu'à jour les bornidouilles ! Si tu crois que je me donc, comme ça, sans pour avec, à qui plein plein, tu te trompes ! Non mais ! C'est pas au vieux porniflar qu'on apprend !

Lumpe retourne à son bidon. Elle sort quelques instruments. Ils ne produisent plus les sons qu'ils doivent faire. Le métal sonne bois, la peau sonne caillou, etc.

Patacabrosse ! Mes grudulus, ma colocasse, ma gargamelle de cochondechine ! Farbailloux, gratolènes ! Tout est pétacarabossé !

Lumpe se précipite vers Écho. Elle lui arrache son bâillon.

LUMPE

C'est bon, tu as gagné. Tout ce que tu veux, mais pas les binious, c'est personnel ! Tu peux bien répéter tout ce que je dis, si ça te chante !

ÉCHO

…

LUMPE

Mélanger mes mots, te moquer de moi, ça m'est bien égal !

ÉCHO

…

LUMPE

Eh bien vas-y, répète !

ÉCHO

…

LUMPE

J'ai dit que tu pouvais bien répéter tout ce que je dis, je m'en foutais pas mal !

ÉCHO

...

LUMPE

Oh, je te cause !

ÉCHO

...

LUMPE

Tu boudes ?

ÉCHO

...

LUMPE

Esprit de contradiction !

ÉCHO

...

LUMPE

Elle se fiche de moi !

Lumpe tord le bras d'Écho.

Tu vas répéter un peu ? Allez, après moi : « Je répéterai tout ce que tu dis, mais je ne toucherai pas à tes binious, promis ! »

ÉCHO

…

LUMPE

Mais enfin qui es-tu ? J'ai besoin de savoir, tu comprends ? Amie ou ennemie ? Avec moi ou contre moi ? Soit tu fais la cliente, soit tu fais la marchande ! Faut que je sache ! Soit tu es dehors, soit tu es dedans ! Mais pas à côté !

ÉCHO

…

Long silence.

5

LUMPE

Très bien, tu fais la mauvaise tête ? Moi aussi ! Tu veux jouer personnel ? Moi aussi ! Le grand motus ? Moi aussi ! Les grands airs je sais tout mais je dirai rien, je connais, moi aussi ! Après tout, je n'ai besoin de personne ! Je peux très bien me débrouiller seule, moi aussi ! Tous les sons sont dans mon bidon !

ÉCHO

Moi aussi.

Écho sort la boîte de Coca vide de sa poche, et la pose à côté du gros bidon.

LUMPE

J'ai dit TOUS les sons sans exception !

ÉCHO

Moi aussi !

LUMPE

Je veux parler fracas, ramdam, tintamarre !

ÉCHO

Moi aussi !

LUMPE

Très bien ! Tu me cherches, tu vas me trouver ! La guerre, tiens, par exemple ! Moi je peux te la déclencher, là, tout de suite, sans problème, d'un coup, toc ! La pétarade des fusils, le tonnerre des canons, le sifflement des balles, le froissement des épées, les gémissements des vaincus, les hourras des vainqueurs !

Lumpe s'exécute. Tonnerre de bruits.

Et voilà !

ÉCHO

Moi aussi !

Écho prend sa petite boîte de Coca, la dégoupille comme une grenade, la jette distraitement dans le bidon de Lumpe, et se couche en se bouchant les oreilles.

Affolée, Lumpe plonge la main dans le bidon, retire la petite boîte de Coca, la met dans la poche d'Écho et va se cacher dans son bidon.

Écho éclate de rire, retire la boîte de Coca de sa poche, et s'amuse à la faire rebondir dans sa main.

Lumpe réapparaît.

LUMPE, *vexée*

Moi, je sais faire aussi des bruits que l'on peut voir, que les yeux aussi peuvent entendre. Tiens, le bruit des formes et des couleurs, par exemple. Je vais te montrer.

Lumpe fouille dans son bidon. Elle en sort un rond bleu.

O.

Elle en sort un triangle rouge.

A.

Elle en sort un carré blanc.

É.

Et voilà !

ÉCHO

Moi aussi.

Écho place sa petite boîte de Coca contre son œil. Elle s'en sert comme d'une longue-vue.

Oh !

Comme d'un microscope.

Ah !

Comme d'un trou de serrure.

Hé !

LUMPE, *encore plus vexée*

Tu veux le grand jeu ? Très bien ! Alors moi, maintenant, là, en un clin d'œil, en toute modestie, mais tout de même, il faut bien le dire, je te fais la mer !

Et hop !

Sûre de son coup, Lumpe va tranquillement à son bidon et fait la mer avec un instrument, d'un air très détaché.

ÉCHO

Moi aussi !

Écho porte tout simplement la petite boîte de Coca à son oreille, comme un coquillage.

LUMPE, *de plus en plus vexée*

Je sais faire mille autres petits bruits encore !

ÉCHO

Moi aussi !

LUMPE

Mais je les garderai secrets !

ÉCHO

Moi aussi !

LUMPE

Question de principe ! Après tout, je fais ce que je veux !

ÉCHO

Moi aussi !

LUMPE

Je suis ici chez moi !

ÉCHO

Moi aussi !

Lumpe s'assoit. Écho aussi.

6

LUMPE

Je vais me gêner, tiens !

ÉCHO

Moi aussi !

LUMPE

Si j'ai faim, par exemple, eh bien je mange, quand ça me plaît !

ÉCHO

Moi aussi !

LUMPE

Maintenant !

ÉCHO

Moi aussi !

LUMPE

Moi, j'ai toujours un petit casse-croûte, dans mon bidon !

ÉCHO

Moi aussi !

Lumpe fait mine de sortir son casse-croûte. Écho aussi. Lumpe abandonne. Elle a une autre idée.

LUMPE

Oh, j'ai sommeil !

ÉCHO

Moi aussi !

LUMPE

Je vais aller faire une petite sieste.

ÉCHO

Moi aussi !

Lumpe disparaît dans son bidon. Écho s'allonge, la boîte de Coca comme oreiller.

LUMPE

Aaah ! Je bâille !

ÉCHO

Aaah ! Moi aussi !

LUMPE

Je ferme les yeux !

ÉCHO

Moi aussi !

LUMPE

Je m'endors doucement !

ÉCHO

Moi aussi !

Lumpe ronfle. Écho aussi. Au bout d'un moment, Lumpe jette un œil par-dessus le bidon.

Écho ne bouge pas. Lumpe sort de son bidon. Écho ne bouge toujours pas. Lumpe s'approche d'elle.

LUMPE

Fais de beaux rêves !

Écho ne répond pas.

Ouf! Enfin débarrassée ! Pas trop tôt ! Commençait à devenir encombrante. Parasite !

Maintenant qu'elle se sent libre, Lumpe en profite pour mimer une petite conversation imaginaire avec Écho.

– Et maintenant.
– Et maintenant.
– Pour fêter ça.
– Pour fêter ça.
– Une bonne petite.
– Une bonne petite.
– Ca.
– Ca.
– Caco.

– Caco.

– Cacopho.

– Cacopho.

– Cacophonie !

Lumpe se précipite sur son bidon, s'arme de plusieurs instruments. Mais au moment de frapper, elle stoppe net.

Bon sang ! S'agit pas de la réveiller ! Ah non ! Déjà eu tant de mal à lui couper son sifflet ! Allons plus loin ! C'est ça, Lumpe, remballe tes outils, c'est plus prudent ! On va aller faire du ramdam un peu plus loin. Le tapage nocturne, ce n'est pas le moment, ma petite Lumpe ! Allez ouste !

Lumpe range ses instruments le plus discrètement possible. Elle ferme le bidon, vérifie si elle n'a rien oublié, et s'approche une dernière fois d'Écho.

Bon, eh bien adieu ! Cette rencontre était fort sympathique ! J'étais enchantée, je vous assure ! Cette discussion, très intéressante ! Vous aussi ? Vous trouvez ? Enfin, il faut bien se quitter, hein ? C'est ça, en garder pour la prochaine, oui ! Allez, au plaisir !

Au diable, oui !

Lumpe pousse son bidon. Mais à l'intérieur, les instruments roulent sur eux-mêmes, rompant le silence.

Écho bouge un peu.

Chut !

Lumpe continue à pousser. Même bruit. Elle s'adresse au bidon.

Vous allez la fermer ! Si vous la réveillez, on aura l'air chouette ! Un peu de patience, quoi ! Vous l'aurez, votre ramdam ! Promis, juré, craché ! Allez, tout doux !

Lumpe essaie de rouler le bidon dans l'autre sens. Encore plus de bruit.

Écho bouge.

Taisez-vous !
Sacrées pipelettes !

À l'intérieur, un instrument tombe.

Ça suffit !

Lumpe donne un grand coup de pied dans le bidon. Tonnerre de bruit. Écho se retourne, et se rendort.

Maudits instruments ! Je ne peux quand même pas partir sans !

Lumpe essaie de prendre le bidon sur son dos. Trop lourd. Lumpe perd l'équilibre, tombe. Le bidon se renverse. Fracas.

Écho se réveille brutalement.

7

ÉCHO

Qu'est-ce qui se passe ?

LUMPE

Ce qui se passe ?

ÉCHO

Pourquoi tout ce bruit ?

LUMPE

Tout ce bruit ?

ÉCHO

Vous vouliez partir ?

LUMPE

Partir ?

ÉCHO

Comme ça ?

LUMPE

Comme ça !

ÉCHO

D'accord !

LUMPE

D'accord !

Lumpe s'apprête à ramasser son bidon et à s'en aller.

ÉCHO

Seulement, pour se quitter...

LUMPE

Pour se quitter ?

ÉCHO

Il n'y a qu'un seul moyen.

LUMPE

Qu'un seul moyen ?

ÉCHO

Le silence !

LUMPE

Le silence ?

Écho s'assoit et croise les bras.

ÉCHO

...

LUMPE

...

Lumpe tente de parler.

ÉCHO

Chut !

LUMPE

Chut !

Lumpe s'approche de son bidon. Elle ramasse

ses instruments. Ils ne renvoient que du silence. Affolée, Lumpe revient près d'Écho. Elle lui demande des explications. Mais plus aucun son ne sort de sa bouche. Elle est devenue muette.

ÉCHO

Eh bien, allez-y !

LUMPE

Allez-y !

Lumpe ne bouge pas.

ÉCHO

Quel silence !

LUMPE

Quel silence !

Lumpe s'assoit près d'Écho.

ÉCHO

Partir si vite, c'est quand même dommage !

LUMPE

Dommage !

ÉCHO

On s'est à peine dit bonjour !

LUMPE

À peine bonjour !

ÉCHO

Vous ne connaissez même pas mon nom.

LUMPE

Nom !

ÉCHO

Écoutez !

LUMPE

Écoutez !

8

Écho donne sa petite boîte de Coca à Lumpe qui la porte à son oreille. Lumpe sourit et pose la boîte de Coca dans son bidon pour amplifier ce qu'elle entend. Une petite mélodie naît dans le silence.

Écho se met à chanter.

ÉCHO

Je suis le petit roi
tu le répéteras dis
tu le répéteras
je suis le petit roi

Lumpe accompagne Écho.

LUMPE

De quoi de quoi
le petit roi de quoi

ÉCHO

Du pays qui dit tout
tu le répéteras dis
tu le répéteras
du pays qui dit tout

LUMPE

C'est où c'est où
le pays qui dit tout

ÉCHO

Je ne le dirai pas
tu le répéteras dis
tu le répéteras
je ne le dirai pas

LUMPE

Pourquoi pourquoi
tu ne le diras pas

ÉCHO

Parce que si je le dis

tu le répéteras dis
et on me le prendra
parce que si je le dis

LUMPE

Promis promis
je ne le dirai pas

ÉCHO

C'est l'écho de ta voix
ne le répète pas dis
ne le répète pas

LUMPE

C'est l'écho...

ÉCHO

Tais-toi tais-toi.

9

Écho se lève, pose sa main devant la bouche de Lumpe. Elle récupère sa petite boîte de Coca dans le bidon et s'apprête à partir.

LUMPE

Déjà ?

ÉCHO

Déjà !

Lumpe rassemble ses instruments en vitesse, et s'apprête à partir avec elle.

LUMPE

Par où ?

ÉCHO

Par où ?

LUMPE, *indiquant une direction*

Par là !

ÉCHO, *indiquant la direction opposée*

Par là !

LUMPE

Bon !

ÉCHO

Bon !

LUMPE

Alors, adieu !

ÉCHO

Alors, adieu !

Écho sort. Lumpe ne bouge pas. Elle reprend la chanson.

LUMPE

C'est l'écho de ma voix

Écho ne répond pas. Lumpe regarde autour d'elle.

LUMPE

Sacré silence !

Lumpe continue sa route, en roulant son bidon plein de musique devant elle.

Noir.